BEI GRIN MACHT SICH IHR WISSEN BEZAHLT

AF141581

- Wir veröffentlichen Ihre Hausarbeit, Bachelor- und Masterarbeit

- Ihr eigenes eBook und Buch - weltweit in allen wichtigen Shops

- Verdienen Sie an jedem Verkauf

Jetzt bei www.GRIN.com hochladen und kostenlos publizieren

Daniel Hinrichs

Die Pest. Sozialhistorische Überlegungen zum Schwarzen Tod im dunklen Zeitalter

GRIN Verlag

Bibliografische Information der Deutschen Nationalbibliothek:

Die Deutsche Bibliothek verzeichnet diese Publikation in der Deutschen National-
bibliografie; detaillierte bibliografische Daten sind im Internet über http://dnb.d-
nb.de/ abrufbar.

Impressum:

Copyright © 2013 GRIN Verlag GmbH
Druck und Bindung: Books on Demand GmbH, Norderstedt Germany
ISBN: 978-3-656-88620-4

Dieses Buch bei GRIN:

http://www.grin.com/de/e-book/288385/die-pest-sozialhistorische-ueberlegungen-
zum-schwarzen-tod-im-dunklen

Gymnasium Bleckede
Thema des Seminarfachs: Europäische Kunst und Kultur im Wandel der   Zeit
Nummer des Seminarfachs: 1 (sf1)

Schuljahr: 2012/2013

Facharbeit

Die Pest
- Sozialhistorische Überlegungen zum Schwarzen Tod im dunklen Zeitalter

Ausgabetermin des Themas: 4.04.2013
Abgabetermin der Hausarbeit: 16.05.2013

Vorgelegt von:

Daniel Hinrichs

Bewertung der Facharbeit
(in Punkten):

_____   _____
Unterschrift des Schülers   **Unterschrift des Lehrers**

1

Inhaltsverzeichnis

1 Einleitung

Diese Facharbeit behandelt den „Schwarzen Tod", die riesige Pestpandemie im 14. Jahrhundert, sowie die Reaktionen, Aktionen und Wandlungen der betroffenen gesellschaftlichen Gruppen sowie Institutionen als Folge dieser Pandemie.

Sozialgeschichte: besonderer Teil der Geschichtswissenschaft, der sich vor allem mit der Geschichte sozialer Klassen und Gruppen, Institutionen und Strukturen befasst. [1]

Die Pandemie der Pest hatte als furchterregendes Ereignis eine auf fundamentaler Ebene einschneidende Wirkung auf Gesinnung und Geisteshaltung der Menschen.

In dieser Facharbeit wird ein Versuch unternommen historische Fakten über den Schwarzen Tod darzulegen, und dessen Wirkung zu beschreiben und zu interpretieren sowie die Ausmaße der Wirkung der Krankheit zu bestimmen. Ich möchte dem Leser eine Möglichkeit bieten, sich in die Rolle der Betroffenen einzufühlen und ihre Handlungen, so wie die Handlungen ihres Umfeldes nachvollziehen zu können.

Die Relevanz des von mir behandelten Themas finde ich in dessen zeitlicher Übertragbarkeit. Es wird das Wechselspiel zwischen einer Katastrophe und den evolvierten Menschen beschrieben. Simpel gesagt ist es ein Schema von Ereignis und folgender menschlicher Reaktion, wie wir es auch in heutiger Zeit erleben.

Die Pest wurde von den Menschen ins Leben gerufen, und verbreitet, wie auch gleichzeitig von ihnen gefürchtet. Letztendlich wurde sie den Menschen zum Verhängnis. Wenn das Stichwort der Eigenschuld der Menschen fällt, dürfte es einfach werden, Parallelen zu heutigen Gegebenheiten zu ziehen. Umweltkatastrophen, Pandemien und Epidemien, Hungersnöte und gar Nuklearkatastrophen haben sowohl hinsichtlich des Auslösers wie auch hinsichtlich der Wirkung auf die Menschen einen gemeinsamen Nenner mit der Seuche im 14. Jahrhundert.

2 Vorausgehende Darlegungen

Eine Grundlage für eine sozialhistorische Betrachtung ist, wie es im Namen schon inbegriffen ist, eine historische Betrachtung der betreffenden Zeit, welche ich in den „Vorausgehenden Darlegungen" vornehmen werde. Ebenso werde ich dem Leser in folgenden Abschnitten die Bedeutung von Begriffen näher erläutern, um sowohl das Verständnis des behandelten Themas wie das der Facharbeit selber zu vereinfachen.

2.1 Europa vor der Pest

Wenn wir von der Pest im Schwarzen Tod sprechen, setzen wir diese in die Zeitspanne von 1348 bis 1352, also inmitten des 14. Jahrhunderts. Während, wie vor dieser Zeit, befand sich

---

[1] Bibliographisches Institut: Duden Online. http://duden.de/ Zugriff: 05.04.2013

Europa im Spätmittelalter, welches sich von der Mitte des 13. Jahrhunderts bis zum Ende des 15. Jahrhunderts erstreckte.

Das Spätmittelalter ist wie in den vorhergehenden mittelalterlichen Epochen religiös geprägt. Die Menschen glaubten einheitlich, dass die Welt von Gott erschaffen wurde, sie unter Gott stehen, und somit auch unter der Kirche. Könige und Kaiser meinten, in Gottes Gunst zu herrschen. Logisch nicht an die unteren Bevölkerungsschichten erklärbaren Sachverhalte wurden auf die Religion gestützt. Dabei ist natürlich nicht die fehlende Auffassungsgabe der Bevölkerung Auslöser dieser Begründungen über die religiöse Ebene, sondern die Ungerechtfertigkeit der Beschlüsse, die man dem Volk unterbreiten wollte. Die Menschen sind der Politik, so wie der Religion als Masse untergeordnet gewesen. Der Gedanke an den Menschen als Individuum, sowie eine kritische Sicht auf die Religion keimten kaum auf oder wurden sogleich weitgehend von Obrigkeiten unterdrückt. Machtpolitisch gab es in Europa verschiedene Bewegungen: Während in Westeuropa die Könige an mehr Macht gelangten, verlagerten sich die Machtstellungen in Mitteleuropa, also im Heiligen Römischen Reich, auf lokalere Ebenen. Landes- und Kurfürsten hatten das Recht den König zu wählen, und wählten Kandidaten die ihren Plänen nicht zuwiderhandeln würden.[2]

Kulturell wie gesellschaftlich genoss Europa im Spätmittelalter zunächst einen Aufschwung. Schulen und Universitäten sprossen aus dem Boden, in Städten bildeten sich große Bildungszentren, und die Naturwissenschaften erlangten mehr Aufmerksamkeit. Dies war unter anderem ein Resultat der Erfindung des Buchdruckes und dem Rückgang des Analphabetentums in Europa. Die Neue Technologie beschränkte sich nicht nur auf den Buchdruck. Vor allem die landwirtschaftlichen Erträge wurden durch die Benutzung des Pflugs erhöht. Aus all dieser neu gewonnenen Effizienz (vor allem in der Nahrungsbeschaffung!) folgte ein Bevölkerungszuwachs. Bis 1340 sollen in Europa 75-85 Millionen Menschen gelebt haben. Somit wurde das Ende der Versorgungsmöglichkeiten überschritten. Im frühen 14. Jahrhundert begingen die europäischen Bauern, im Versuch der steigenden Nachfrage an Nahrungsmitteln nachzukommen, eine Überackerung ihrer Böden. Diese erschöpften sich nach wenigen Jahren, und es kam zu Missernten. Die Bauern verließen ihre Höfe und gingen in den Städten Arbeit suchen. Aus einer Unterversorgung der Bevölkerung an Ackerfrüchten wie Getreide folgten bis zur Mitte des Jahrhunderts andauernde Hungersnöte, viele Menschen wurden von der daraus resultierenden Unterernährung sichtlich geschwächt, währenddessen stieg der Preis für Nahrungsmittel drastisch in für die ärmeren Bevölkerungsschichten nahezu unerreichbare Höhen. Aus Angst vor dem Hungertod zwischen den nun brach liegenden Feldern folgte auch die Landbevölkerung den Bauern in die Städte. Diese wurden nun allerdings übervölkert. Die innerstädtischen Bevölkerungsdichten stiegen in kurzer Zeit rasant an, und ein großer Teil verarmter, hungernder Bevölkerung in den Städten warf Probleme hinsichtlich der Hygiene auf. Unausgebaute oder nicht vorhandene Kanalsysteme ließen Exkremente inmitten der Menschen verweilen, Unrat sammelte sich in Straßen und Gassen, Ratten überkamen die Städte. Die europäische Bevölkerung überstrapazierte die Kapazität der Städte, in denen sie sich in hygienischen Missständen und hoher Bevölkerungsdichte am

---

[2] Vgl: Meier, M.: Pest. Die Geschichte eines Menschheitstraumas. Stuttgart 2005 135, 184

Leben halten wollen. Zu dieser Zeit wurde noch von kaum jemanden ein Rückschluss von der zunehmenden Rattenbevölkerung auf Hygienemängel vorgenommen. Ebenso sollte es noch einige Jahrhunderte dauern bis die Menschen auf eine Verbindung zwischen Ratten und der Pest stießen.[3][4]

2.2 Ursprung und Verbreitung der Pandemie

Ihren Ursprung hat die Pest außerhalb Europas. In der Mongolei und in China soll sie das erste Mal aufgetreten sein, von da aus nahm sie ihren Weg über Handelsrouten Richtung Europa. 1346 wurde sie von mongolischen Kriegern nach Osteuropa gebracht. In der christlichen Handelsmetropole Kaffa (heute Feodossija), einer Inselstadt im Schwarzen Meer belagerte eine kleine mongolische Streitmacht die Festung der Stadt. Doch die Belagerungskräfte sollten schnell an Kraft verlieren, denn viele von ihnen fielen einer Krankheit, der Pest, zum Opfer. Nun sollen sich die Angreifer aber der Krankheit bedient haben. Auf Katapulten sollen die mongolischen Krieger ihre Leichen über die Stadtmauern befördert haben. Die in der Festung ausharrenden Genuesen (angehörige der italienischen Seerepublik Genua, welche Kolonien im Mittelmeerraum und am Schwarzen Meer besaß) kamen in Berührung mit den hineinkatapultierten Leichen und steckten sich mit den noch aktiven Pesterregern an. Dieses Kriegsgeschehen war eines der ersten übermittelten Beispiele biologischer Kriegsführung.

Nun gelang es in einer der folgenden Nächte jedoch einer Gruppe von Männern, aus der belagerten Festung zu fliehen. Sie steuerten auf den nächsten Hafen zu, in der Hoffnung in einem Handelsschiff Richtung Italien fliehen zu können. Dieses gelang den Männern auch. Jedoch wusste niemand von ihnen von dem Erreger einer Krankheit, der in ihnen allen steckte, einer Krankheit, die auf dem ganzen Kontinent bald mehr als zwei Dutzend Millionen Menschen das Leben kosten würde. Mit dem Krankheitserreger im Menschen wurde die Krankheit durch blinde Passagiere nach Italien transportiert – in Ratten und ihren Flöhen. Ratten können wie Menschen an der Pest erkranken und sterben, und die Rattenflöhe nehmen den Krankheitserreger beim Saugen des Blutes der Ratten auf und geben ihn durch einen Biss an den Menschen weiter.

In Italien angelangt, wurde die Infektionskrankheit verbreitet. Sie wurde sowohl per Seeweg wie per Landweg durch Menschen und Rattenflöhe übertragen. Die von befallenen rattengeplagten Schiffen angesteuerten Hafenstädte erfuhren zuerst die tödliche Wirkung der Krankheit, schnell wurde die Bevölkerung vieler mediterranen Küstenregionen angesteckt. Von dort aus bewegte sich der Wirkungsbereich der Seuche kontinuierlich landeinwärts. Etwa 1348 war das gesamte Südeuropa bereits von der Krankheit befallen. Im Laufe des Jahres 1349 wurde die Pest in einen Großteil Mitteleuropas verbreitet, bis 1351 hatte die Seuche fast gesamt Europa überzogen. Dicht bevölkerte Gebiete erschloss die Krankheit am schnellsten, Dörfer inmitten leerer Landstriche wurden oft erst spät oder gar nicht befallen. Die nördliche

---

[3] Vgl: Schrefler H. / Günther P.: Bevölkerungsgeschichte Europas. Ein Protokoll zur Vorlesung.
http://www.schrefler.net/91mitschriften_Geschichte/Bevoelkerungsgesch.Europas-Referat-WS2002.pdf Zugriff: 02.05.2013
[4] Vgl: Heidrich I.: Strukturelle Wandlungen in Wirtschaft und Gesellschaft des Spätmittelalters.
http://www.uni-bonn.de/~uph202/EinfuehrungMA/strukturspaetma.shtml Zugriff 10.04.2013

Grenze des Schwarzen Todes wurde etwa 1353 auf Höhe von Oslo und Stockholm gezogen, einige süd- bis mittelskandinavische Gebiete wurden noch in Mitleidenschaft gezogen. Im Osten erstreckte sich der Wirkungsbereich des Schwarzen Todes erneut bis etwa Moskau. Für die späteren Maßnahmen der Europäer gegenüber der Pest ist zu erwähnen, dass die Krankheit noch mehrere Jahrhunderte, mit abnehmender Intensität und räumlich und zeitlich eingegrenzt, herrschte. Selbst heutzutage gibt es weltweit immer noch mehrere Dutzend nachgewiesene Pesterkrankungen jährlich.[5]

2.3 Begriffe und Definitionen

Viele Begriffe, die in dieser Facharbeit benutzt werden, dürften Lesern wohlbekannt sein. Sie entstammen eher dem allgemeinen Wortschatz und weniger häufig einer Fachsprache. Doch sollten bezogen auf das Thema Begriffe klar definiert werden um beim Leser nicht den Anschein zu erwecken, dass sie als Synonyme gleichbedeutend seien, und ihre abwechselnde Verwendung nur dem Zweck diene, Wortwiederholungen zu vermeiden.

So ist die „Pest" die medizinische Bezeichnung für eine Infektionskrankheit, die durch ein spezielles Bakterium, das „Yersinia Pestis" ausgelöst wird.

Der „Schwarze Tod" beschreibt hingegen die große Pandemie im 14. Jahrhundert in Europa als historisches Ereignis und hat an sich keine Verbindung zu der Pest als Krankheit. Im Gegensatz zu den Begriffen zur Krankheit selber ist der Schwarze Tod zeitlich (1348-1352 wie räumlich (Europa) begrenzt. Aus historischen Schilderungen und modernen archäologischen Untersuchungen hat man festgestellt, dass die Opfer des Schwarzen Todes klinische Anzeichen einer Beulenpest (einer Erscheinungsform der Pest) zeigen. Daher liegt es nahe, dass diese Toten der Pest zum Opfer fielen, was wissenschaftlich bis heute jedoch weder vollständig bewiesen noch widerlegt worden ist. Größtenteils hat man sich dem heutigen Wissen nach jedoch darüber geeinigt, dass für die Todesopfer im Schwarzen Tod wohl eine Variante des „Yersina Pestis" Bakteriums verantwortlich war, und die Opfer des Schwarzen Todes somit der Pest zum Opfer fielen. So werden die Opfer des Schwarzen Todes in dieser Facharbeit auch als Pestopfer beschrieben, jedoch im Wissen darüber, dass es aus wissenschaftlicher Sicht weiterhin Gegner dieser Gleichstellung gibt.

Einwandfrei verwendbar ist jedoch der Begriff der Seuche als Bezeichnung für die Pest, wie auch als Bezeichnung für jene Krankheit die im Laufe des Schwarzen Todes vielen Menschen das Leben geraubt hat. Eine Seuche nämlich beschreibt simpel eine hochansteckende Infektionskrankheit, wie sie im 14. Jahrhundert geherrscht hat. Zudem ist „pestis" die lateinische Bezeichnung für eine Seuche. Auf der nächst-unkonkreteren Ebene kann natürlich auch der einfache Begriff der „Krankheit" benutzt werden.

Weiterhin fallen in der Arbeit die Begriffe Epidemie und Pandemie. Den Unterschied zwischen diesen beiden Begriffen prägen der geographische wie auch der zeitliche Faktor. Während

---

[5] Vgl: ZDF: Der Schwarze Tod. Pest im Mittelalter. 2004

eine Epidemie sowohl räumlich eingeschränkt wie endlich, also von bestimmter Dauer ist, trifft dies nicht auf eine Pandemie zu. Eine Pandemie wird als Seuche großen Ausmaßes gehandelt, wie wir sie im Schwarzen Tod als Beispiel haben. Sie ist in der Lage, Ländergrenzen wie kontinentale Grenzen zu überschreiten. [6]

3 Der Zustand der betroffenen Bevölkerung

Die Pest traf nun auf die Bevölkerung Europas und hatte natürlich Einfluss auf die Stimmung der Bevölkerung sowie auf die Beziehungen zwischen den betroffenen sowie nicht-betroffenen Menschen. Und aus der Wirkung des Schwarzen Todes auf die Psyche der Menschen gab es von dieser aus wiederum Wechselwirkungen mit ihren Mitmenschen.

3.1 Angst und Verzweiflung als Grundstimmung

Die europäische Bevölkerung wurde hart von der Seuche getroffen, ein allgemeiner Schrecken, mehr als eine Krisenstimmung, legte sich für viele Jahre über das Land. Es war eine Zeit der Not, wie sie die Menschen damals noch nicht kannten, und sie sahen lange Zeit keine Möglichkeiten, optimistisch in die Zukunft zu blicken. Eine Niederschrift der Eindrücke der Pest stammt von dem Italiener „Agnolo die Tura del Grasso". Dieser publizierte eine Chronik der Jahre 1300 bis 1351, welche sich aus seinen eigenen Erfahrungen, sowie öffentlichen Aufzeichnungen der Jahre zusammensetzt. Die Wirkung des Schwarzen Todes in 1348 beschreibt er hier in einem Auszug aus seiner Chronik als Augen- und Zeitzeuge:

> Im Juni, Juli und August starben so viele Menschen, dass sie, selbst gegen Entgelt, keiner mehr begraben wollte. Weder Freunde noch Verwandte gingen im Priester oder Bettelbruder gingen beim Bedräbnis mit, und es wurde keine Messe mehr gehalten. [...] ich begrub mit eigenen Händen meine fünf Kinder in einer Grube. Und genau so erging es den anderen. Es gab auch Leichen, die so schlecht beigesetzt wurden, daß Hunde sie fanden, viele von ihnen über die Stadt verstreuten und an ihnen fraßen. [...] Welch ein Unglück war das, als jeder nur noch seinen Tod erwartete. So schrecklich waren die Ereignisse, dass das Volk glaube, niemand würde übrig bleiben. Viele waren davon überzeugt und äußerten, dass das Ende der Welt gekommen sei. [7]

Neben der Angst und dem Schrecken vor der Ansteckung mit der Krankheit selber spielten viele Faktoren der Krankheit und deren zerstörerische Wirkung auf die Psyche der Menschen eine Rolle. All diese Menschen waren schließlich Zeugen einer Welt, die um sie herum zusammenbricht. Institutionen der öffentlichen Ordnung waren lahmgelegt, die Seuche machte weder vor hohen Amtsträgern noch vor Geistlichen Halt. Kirchen, welche den Menschen in der Not eine Zuflucht sein sollten, wurden aus Angst vor Ansteckung gemieden, Priester und Prediger lagen im Totenbett, außerstande ihrer Gemeinde Hoffnung zu übermitteln. All dieser Schrecken hatte eine, auf sozialer Ebene tiefgreifende, aufspaltende Wirkung auf die

---

[6] Bibliographisches Institut: Duden Online. http://www.duden.de/ Zugriff: 05.04.2013
[7] Vgl: Bergdolt K.: Die Pest. Geschichte des Schwarzen Todes. München 2006 s.41-42

Menschen. Denn die Menschen waren in Todesfurcht vor der Krankheit, und diese machte sie gleichzeitig verletzlich sowie barbarisch gegenüber ihren Mitmenschen.[8]

3.2 Ausgrenzung, Einsamkeit und psychische Problematiken

Womit wir an einem Punkt sind, an dem wir die ersten sozialen, also das Zusammenleben der Menschen betreffenden, Probleme behandeln können. Diese resultierten nämlich aus der Furcht vor der Seuche. Die Menschen nahmen, sobald die Kunde vom Schwarzen Tod sie erreicht hatte, schnell an, dass andere Menschen die Krankheit übertragen. Jeder Mitmensch, ob Freund, Bekanntschaften aus dem Beruf, Familie, war ein potenzieller Überträger. In ländlichen Gegenden wurden oftmals ganze Dörfer vom Dorfrat abgeschottet, niemand durfte mehr durch die Tore, und die Bevölkerung musste sich alleine versorgen. In Gegenden, die schlechter abgegrenzt werden konnten, wie große Städte oder lose auf Landstrichen verteilten Siedlungen konnten derartige Maßnahmen nicht ergriffen werden. Und so übernahm jeder Einzelne die Aufgabe der Isolierung für sich selber. Vor allem in dichter besiedelten Umfeldern wie in Städten sollte diese Maßnahme das Überleben des Einzelnen sichern. Doch sobald ein Mitmensch sich durch die Menge des Marktes gewühlt hat, um für Lebensmittel zu sorgen, ist er vielleicht angesteckt und somit eine ernstzunehmende Gefahr für das Leben seiner Mitmenschen geworden und traf auf dem Rückweg vielleicht auf die von Mitbewohnern verriegelte Tür. Umringt von den Verwüstungen des Schwarzen Todes hörten die Menschen auf ihren Überlebenstrieb, um nicht auch in den zahlreichen Massengräbern zu enden. Es entwickelte sich eine Grausamkeit und Rücksichtslosigkeit gegenüber Menschen, welche erste Symptome der Krankheit aufwiesen, oder mit Symptome tragenden Menschen auch nur indirekt in Berührung gekommen sind. So schrieb der italienische Chronist und Zeitzeuge der Pest Giovanni Boccaccio:

> Wir wollen darüber schweigen, dass ein Bürger den anderen mied, dass fast kein Nachbar für den anderen sorgte und sich selbst Verwandte gar nicht oder nur selten und dann nur von weitem sahen. Die fürchterliche Heimsuchung hatte eine solche Verwirrung in den Herzen der Männer und Frauen gestiftet, dass ein Bruder den anderen, der Onkel den Neffen, die Schwester den Bruder und oft die Frau den Ehemann verließ; ja, was noch merkwürdiger und schier unglaublich scheint: Vater und Mutter scheuten sich, nach ihren Kindern zu sehen und sie zu pflegen – als ob sie nicht die ihren wären[9]

Die Pest trat auf sozialer Ebene selbst Schnitte zwischen denen auf, die sich am nächsten stehen sollten. Misstrauen wurde in der Bevölkerung gesät, Schuldige wurden gesucht. Infizierte Familienmitglieder flohen in Sorge um ihre Familie oder wurden von dieser ausgestoßen, potenzielle Pestopfer wurden oftmals selbst von ihren Nächsten auf Distanz gehalten – dabei wären genau diese die einzige Möglichkeit für den Erkrankten gewesen, seine Psyche aufrechtzuerhalten und angesichts des Druckes der Krankheit und des wohl erwarteten Todes nicht in den Wahnsinn überzugehen. [10]

---

[8] Vgl: Bergdolt K.: Die Pest. Geschichte des Schwarzen Todes. München 2006 42-45
[9] Boccaccio, G.: Das Dekameron. Florenz 1349-1953. Albatros Verlag (Hg.) Mannheim 2001 s.485
[10] Vgl: Bergdolt K.: Die Pest. Geschichte des Schwarzen Todes. München 2006 47-49

3.3 Kriminalität und Völlerei

Doch Erkrankten, wie auch noch gesunden Menschen gingen, abseits der erwähnten Abgrenzung und angesichts des baldigen möglichen Todes Gedanken auf, unter denen ihre Mitmenschen zu leiden hatten. Denn wissend über die als kurz erwartete Lebensspanne tat sich im Volk ein gewisser Hedonismus auf, in der die Menschen allein zur Empfindung von Lust und Freude lebten, ohne auf deren Wirkung auf Mitmenschen zu achten. So kam mit dem Schwarzen Tod eine Welle rasant steigender Kriminalitätsraten auf Europa zu. Denn wer bald starb, hatte nicht damit zu rechnen, dass er für seine Verbrechen zur Rechenschaft gezogen wird. Diese Kriminalität unterstützt hat das Versagen der Institutionen, die ansonsten für Gerechtigkeit und Kriminalitätsfreiheit sorgen sollten: Mit zunehmender Sterberate der Bevölkerung starb auch Personal der Wache, starb Personal der Gerichte, starben Stadträte. Somit konnten Straftaten oft weder effizient verhindert, noch verwaltet oder Straftäter zur Rechenschaft gezogen werden. Die Menschen waren auf ihre Eigenjustiz angewiesen. Es gab weiträumige Plünderungen und Einbrüche, Vergewaltigungen und andere Gewalttaten, deren Täter keinerlei Ahndung zu erwarten hatten. Durch das Massensterben im Schwarzen Tod fiel viel Reichtum in die Hände weniger Erben. Diese Erben bereicherten sich an allerhand käuflichen Dingen und trieben ihr Leben in eine Zügellosigkeit zwischen Gelagen und Glücksspiel in Gasthäusern und dem Huren in Bordellen.

Lange konnte sich diese Einstellung allerdings nicht halten, nach dem Sterben oder der Flucht vieler Arbeitskräfte wurden viele Geschäfte geschlossen. Vor allem weil sie Sammelpunkt vieler Menschen, und somit ideale Orte zur Verbreitung der Krankheit waren. Bauern und Stadtarbeiter gaben ihre Arbeit auf, und aus der folgenden Lebensmittelknappheit konnten selbst neureiche Bürger nicht mehr viel mit ihrem Erbe anfangen. Zudem wurde durch eine später eingeführte „Luxusgesetzgebung" ein solch ausschweifendes Verhalten geahndet, da die Verbreitung der Pest als Resultat dieser Völlerei, welche schließlich eine Todsünde war, angesehen wurde. Eine Luxusgesetzgebung der weltlichen Obrigkeiten, die damit begründet wurde, dass durch das ungezügelte Luxusverhalten der Reichen die Pest als Strafe heraufbeschworen worden sei. [11]

4 Verarbeitung der Seuche

Die Frage nach der Verarbeitung der Seuche gleicht der Frage, wie das damalige Europa mit der Pest verfuhr. Dies beinhaltet sowohl das Wirken auf die Krankheit, so wie ein Wirken der Menschen als Resultat der Krankheit. Zuvor ist klarzustellen, dass es nicht möglich ist, das Wirken von Staat und Kirche, sowie ihren jeweiligen Angehörigen klar zu trennen, denn beide Institutionen, sowie die ihnen untergeordneten Menschen griffen ineinander über und hatten klaren Einfluss aufeinander.

---

[11] Vgl: Heidrich I.: Strukturelle Wandlungen in Wirtschaft und Gesellschaft des Spätmittelalters. http://www.uni-bonn.de/~uph202/EinfuehrungMA/strukturspaetma.shtml Zugriff: 10.04.2013

4.1 Die Religiöse Verarbeitung

Zunächst ist wieder zu erwähnen, dass die Weltauffassung der europäischen Bevölkerung zur Zeit des Schwarzen Todes von der Kirche vermittelt und religiös geprägt war. So war eine Krankheit, wie sie Europa heimsuchte, schnell als eine Strafe Gottes gesehen worden. Die Pest war von der Kirche schnell als ein Ebenbild einer der alten Plagen gesehen worden. Wie eine der „10 Plagen", die dem alten Testament nach über Ägypten hergefallen sein sollen. Im späteren Verlauf der Krankheit wurde sie allerdings eher mit der Sintflut gleichgesetzt, welche beinahe die komplette Auslöschung der Zivilisation der Erde zum Ziel hatte. Doch sowohl die befürchtete Plage als auch die Katastrophe basierten auf einem gemeinsamen Nenner – sie waren ein Resultat aus einem Verhalten der betroffenen Menschen gegen Gott. Alle, die sie Sünder waren, sollten sterben. Die Gottergebenen und nach Gott handelnden sollten verschont bleiben, wie Noah auf seiner Arche. Doch gerade das Auslassen des Aspektes der Schonung der Nicht-Sünder trieb einen Keil des Misstrauens zwischen Kirche und Menschen. Nicht nur Sünder starben. Die Pest traf gottesfürchtige, aufrichtige Menschen. Auch die Geistlichen wurden nicht von ihr verschont.

Doch erlebte die Kirche im frühen Verlaufe des Schwarzen Todes zunächst einen finanziellen Aufschwung: Gläubige spendeten in Furcht vor der Pest an die Kirche, und diese Gaben wurden mit der Pflicht seitens der Kirche bzw. ihrer Geistlichen verbunden, für die Spender zu beten. Eine der früheren Maßnahmen der Kirche im Schwarzen Tod wurde bereits erwähnt, die Judenverfolgung. Kirche und Menschen hatten die Vorstellung, dass durch die Verfolgung der Juden, also der angeblichen Feinde Christi, eine Begnadigung Gottes von der Pest erreicht werden konnte.

Weiter sollten Buß- und Bittprozessionen den Teilnehmern eine Begnadigung Gottes zukommen lassen. Diese Prozessionen bestanden häufig aus einem Umzug von einem oder mehreren Geistlichen und einem Anhang von vielen Gläubigen, welche gemeinsam beten und Bibeltexte rezitieren. Eine besondere Form der Bußprozessionen waren die Geißlerzüge, die vor allem in der Zeit des Schwarzen Todes stattfanden. Diese Geißlerzüge wurden als eine den Teilnehmern selbst auferlegte Buße gesehen. In der Zeit von 1347 bis 1352 zogen teils Hunderte Menschen, ebenfalls von Geistlichen angeleitet, zusammen durch die Städte und schlugen sich selber mit Peitschen oder mit stachelbesetzten Gewichten an einer Kette den Rücken blutig. Nicht allzu selten in einem Ausmaße, dass die Geißler (auch: Flagellanten) an den, sich selbst zugefügten Wunden oder der Entzündung der Wunden erlagen. Dabei predigten, beteten und sangen sie gemeinsam. So wollten sie Buße tun für die Sünden, die sie begangen haben. [12]

Doch auch unabhängig von der Kirche suchten Gläubige die Gnade Gottes und die Erlösung von der Krankheit in Wall- und Pilgerfahrten, welche ironischerweise dazu beitrugen, den Pesterreger mit den Pilgern entlang der Pilgerwege durch ganz Europa zu bewegen.

---

[12] Vgl: dctp.tv: Der Schwarze Tod. Prof. Dr. med. Klaus Bergdolt über die Pest / Wenn Seuchen Gesellschaften zerstören. 2011

Erwähnenswert ist ebenfalls, dass die Geißler durch ihre eigene Buße den gewinnträchtigen Ablaßhandel der Kirche unterliefen und somit 1349 vom Papst Clemens VI. verboten wurden. Im Schwarzen Tod fiel den Pestheiligen eine besondere Rolle unter den Geistlichen bzw. Klerikern zu. Diese waren von der Kirche aufgerufen worden, in der Zeit der Krankheit die Bevölkerung vor dieser zu bewahren und Betroffene zu heilen. Diese Pestheiligen waren eine der ersten Maßnahmen der Kirche, die sich nun mit der Krankheit konfrontiert sah, und eine Schutzpflicht gegenüber ihren Gemeinden sahen. Trotz der schon damals angezweifelten Wirksamkeit der Pestheiligen genossen sie große Beliebtheit im Volk, denn sie gaben den Menschen Hoffnung auf Heilung und auf Überleben. Doch kamen sie und Kleriker allgemein, ihren sorgenden Pflichten bald nicht mehr nach. Man wusste früh, dass sich die Pest per Ansteckung ausbreitete, und so hielten sich auch die Geistlichen von Kranken und Toten fern.

Angesichts dieser ernüchternden Situation verlor die Kirche in den Augen der Bevölkerung ihre moralische Autorität. Die Menschen, die von der Kirche zu Frömmigkeit aufgefordert wurden, verfielen in einen Sittenverfall, lebten in Ausschweifungen und Völlerei. Noch in einer Franziskanerpredigt des 15. Jahrhunderts hieß es:

> Ihr müßt die Ursachen der Pest beseitigen, das heißt die abscheulichen Sünden, die begangen werden: Blasphemie gegen Gott und die Heiligen, die Schulen der Sodomie, die unerhörte Wucherei [13]

Die von der Kirche aufgesetzten Pflichten wie die schon erwähnte Luxusgesetzgebung wurden als nichtig abgetan, denn die Kirche hatte ihre Schutzpflicht gegenüber ihren Gläubigen verfehlt. Und überhaupt hatte die Schonungslosigkeit der Pest gegenüber Klerikern längst einen Zweifel an der Unberührbarkeit und Unfehlbarkeit der Kirche geweckt, der nun in Verbindung mit dem schlichten Versagen der Kirche gegenüber der Krankheit in einfacher Ablehnung gegenüber der Kirche ausuferte, und an der übermächtigen Instanz der Kirche einen unwiederherstellbaren Schaden anrichtete. [14]

4.2 Der Versuch der Medizinischen Bewältigung

In den ersten Jahren nach 1348 gibt es Dutzende, von Ärzten verfasste und überlieferte „Pesttraktate" (Abhandlungen / Erörterungen über die Pest). Die Analysen der Pest in diesen Berichten beschränkten sich, im Gegensatz zur religiösen Bekämpfung der Pest, auf „humoralpathologische" Inhalte. Diese stützten sich auf das antike Krankheitskonzept der Viersäftelehre, welche bis ins 18. Jahrhundert an medizinischen Universitäten gelehrt wurde. Nach diesem Modell bedeutete ein Überschuss an Hitze und Feuchtigkeit für den Menschen eine erhöhte Infektionsgefahr. Jedem der 4 Körpersäfte – Blut, Schleim, gelbe wie schwarze Galle) waren bestimmte Eigenschaften zugeteilt. Dem Blut die Eigenschaften heiß und feucht. Daher ließ mal sowohl Infizierte wie auch Gefährdete zur Ader, um durch das Fehlen von Blut Feuchtigkeit und Hitze im Körper des Behandelten einzudämmen. Melancholische Menschen wurden laut den Pestärzten übrigens weniger gefährdet, da sie der Viersäftelehre nach ein Übermaß an „kalter" und „trockener" Galle gehabt haben sollen. Sanguiniker, der

[13] Bergdolt K.: Die Pest. Geschichte des Schwarzen Todes. München 2006 s.56/57
[14] dctp.tv: Der Schwarze Tod. Prof. Dr. med. Klaus Bergdolt über die Pest / Wenn Seuchen Gesellschaften zerstören. 2011

Temperamentlehre nach also lebhafte und heitere Menschen, wurden hingegen als äußerst gefährdet gesehen. Dies war auch die Schnittstelle zwischen religiösem und medizinischem Verfahren gegen die Krankheit. Denn die Luxusgesetzgebung wurde unter anderem ebenfalls mit der Anfälligkeit von Sanguinikern untermauert, deren Verhalten sich in Völlerei und anderen Sünden äußern sollte. Im Umkehrschluss sollten diese Sünden nun nicht nur Auslöser der Pandemie sein, sondern sollten den Menschen ebenfalls anfälliger gegen die Krankheit machen.

Von dieser maßgeblichen Infektionsgefährdung durch Feuchtigkeit und Hitze galten Gebiete, in denen beide Aspekte auftraten, als verpestet. So fingen die Menschen an, diese Aspekte in jeder Umgebung zu vermeiden. Sonnenbestrahlung, schwüle Umgebungen, Brunnen, Sümpfe und Modergerüche wurden zunehmend gemieden. Auch Leichengestank, Schlachtereien und warmen Bädern sollte den Ärzten nach aus dem Weg gegangen werden. Und obwohl sich diese vermeintlichen Erkenntnisse aus einem aus heutiger Sicht veralteten Krankheitskonzept entstammen, decken sie sich zu großen Teilen mit den Hygienevorstellungen unserer Zeit.

Schon Kaiser Friedrich II. von Hohenstaufen (Kaiser des römisch-deutschen Reiches im 13. Jh.) hatte diese grundlegende Notwendigkeit der Hygiene von Wasser und Luft zum Seuchenschutz erkannt und entsprechend Maßnahmen eingeleitet. Nach dem Wirken des Schwarzen Todes gab es eine große Welle solcher seuchenhygienischer Maßnahmen. (Siehe Punkt 4.5 „Maßnahmen seitens der Regierungen") Zur Verringerung des „heißen und feuchten Blutes" empfahlen die Pestärzte nicht nur den Aderlaß, sondern ebenfalls Diäten wie auch Leibesübungen, bei denen die warmen Körpersäfte durch Schweißabsonderung reduziert werden sollten. Trotz all dieser Empfehlungen war der erste präventive Ratschlag im Kollektiv aller Pestärzte beschlossen worden: der Umzug in ein kaltes und trockenes Ambiente. So hatten zwar die gesellschaftlichen Oberschichten die Möglichkeit, in den Norden auszuwandern, doch hatte die ärmere Bevölkerung weder die finanziellen Mittel für einen Klimawechsel, noch für andere präventive oder kurative Maßnahmen, da sie meist nicht einmal das Gehalt der Ärzte aufbringen konnten, und der soziale Unterschied fing an, eine entscheidende Rolle in der Entscheidung zwischen Leben und Tod zu spielen. Auch die Rolle der Frau wurde durch die damaligen medizinische Auffassungen geprägt. Die „kalte" Natur der Frau schien nicht auszureichen um ihre „feuchten" Komponente (Menstruation, Fähigkeit zur Schwangerschaft), welche Ansteckungen begünstigten, zu neutralisieren. Zusätzlich galt die Frau als physisch wie auch psychisch labil, was sie zu den einfachsten Zielen der Seuche machen sollte. Als potenzielle Seuchenträgerin wurde ihr so Misstrauen entgegengebracht, welches zu mittelalterlichen, wie auch in folgenden Zeiten ihre Unterordnung unter dem männlichen Geschlecht weiter unterstützte.[15]

Die Pestärzte kleideten sich in grotesk aussehende Uniform: Ein luftundurchlässiger Ledermantel mit Schnabelmaske. Im Schnabel essiggetränkte Schwämme und geruchsintensive Kräuter zum Filtern der eingeatmeten Luft. Auf den Masken befanden sich Glasaugen, und die Hände waren mit dickem Stoff behandschuht. Selbst derartig gegen die Krankheit geschützt, kamen auf die Ärzte ethische Fragen zu. Sollten sie, zu ihrem eigenen

[15] Vgl. Bergdolt K.: Die Pest. Geschichte des Schwarzen Todes. München 2006 28-29

Schutz, den Puls mit abgewandtem Gesicht fühlen? Den Urin der Kranken nur von Weitem beurteilen? Sollten sie ihr Leben für einen Patienten riskieren, wenn sie doch, sollten sie weniger Risiko eingehen, vielleicht viel mehr Menschen das Leben retten könnten, inklusive ihres eigenen? Pestärzte wurden einerseits für ihre risikoreichen Bemühungen gerühmt, jedoch gleich stark kritisiert, sollten sie Gedanken an Rücktritt oder Flucht riskieren. Ihr Auftreten wurde auch mit der Gegenwart des Todes assoziiert – kein Wunder, angesichts ihrer potenziellen Arbeitsumgebung und der, trotz ihrer Bemühungen, hoher Sterblichkeitsrate ihrer Patienten. So wurde der Arztberuf zu einer zunehmenden psychischen Belastung, sowohl hinsichtlich des gespaltenen Ansehens bei ihren Mitmenschen, wie auch bezüglich der ständigen direkten Konfrontation mit der Pest und dem aus ihr folgenden Tod. [16]

Unsere heutige Fähigkeit, Infektionskrankheiten mit Erfolg zu bekämpfen scheint paradoxerweise ein Verdienst der Pest zu sein. Die Lehre der Epidemiologie entstand aus der Angst vor einer neuen Seuchenwelle. Viele Ärzte starben an der Pest, an Universitäten wurden Lehrstühle frei, und somit Freiraum für neue Ideen und neue medizinische Ansätze, welche zu unserer heutigen medizinischen Auffassung führten.[17]

4.3 Die Juden und die Schuldfrage

Als die Krankheit und die Angst vor der Krankheit in den Städten herrschte, lag es natürlich nicht fern, einen Schuldigen finden zu wollen. Eine Stellung der Juden als bevorzugtes Ziel solcher Schuldzuweisungen gab es auch damals schon seit der Antike. Seit den Juden die Kreuzigung von Jesus Christus zur Last gelegt wurde, wurden sie diskriminiert und ausgegrenzt. Auch in den Kreuzzügen und damit verbundenen Pogromen im 11. Jahrhundert wurden im Krieg gegen die „Ungläubigen" Tausende Juden getötet. Im 13. Jahrhundert verfasste der Staufer Friedrich II. die sogenannte „Kammerknechtschaft der Juden", welche eine Unterordnung und Abgabepflicht bzw. erhöhte Steuerpflicht der Juden im römisch-deutschen Reich umfasst. Zudem trug die Verbannung der Juden in die „verwerflichen" Berufe im Geld- und Pfandleihgeschäft zum Stereotyp des Juden als ungeliebten „Wucherer" bei. Von derartigen Repressionen geschwächt, siedelten sich die Juden Europas oftmals in eigenen Straßen, Vorstädten oder Stadtteilen zusammen an, um das Gewerbetreiben durch die so vereinfachten stützenden sozialen Kontakte untereinander zu erhalten. Alle Juden erhielten so einen Nachbarschaftsschutz. In manchen jüdischen Vorstädten oder Stadtteilen trug eine Ummauerung der Gebiete ebenfalls zum Selbstschutz der Juden bei.

Nun gab es in diesen geschützten jüdischen Stadtteilen – auf Anweisung der Stadt - stets eigene Brunnen. Denn das „verschmutzte" Wasser der Juden sollte nicht mit denen der Christen vermischt werden. Diese eigenen Brunnen wurden tiefer gegraben als die der Christen, und unterlagen strengen Reinigungsvorschriften, die der Kultur und Religion der Juden entsprangen. Durch die Tiefe und Reinlichkeit der Brunnen wurden die jüdischen Gemeinden später und seltener von der Pest betroffen. Sobald diese Tatsache an die

---

[16] Vgl. Bergdolt K.: Die Pest. Geschichte des Schwarzen Todes. München 2006 27-36
[17] Vgl. Meier, M.: Pest. Die Geschichte eines Menschheitstraumas. Stuttgart 2005 130-135

Öffentlichkeit kam, kamen Vorwürfe der Brunnenvergiftung auf: Die Juden sollen die Brunnen der Christen vergiftet oder verunreinigt haben, sodass diese nun von der Seuche heimgesucht wurden. Dieser Vorwurf wurde über die ganze Zeitspanne des Schwarzen Todes hinweg der Grund für die christlichen Stadtbevölkerungen, den Juden mit Pogromen zu begegnen. Aus dieser neu erstarkten Verfolgung gab es eine große Auswanderung von Juden nach Ostmitteleuropa, wo ihnen vor allem in Polen bessere Lebensbedingungen und Schutz geboten wurden.[18]

4.4 Verarbeitung in Literatur und Kunst

Die Verarbeitung der Pest hatte vor allem in den Jahrhunderten nach dem Schwarzen Tod einen großen Platz in der Kunst und Kultur besetzt. Seuchen stellten, beginnend mit dem Alten Testament, auch ein Thema der antiken wie mittelalterlichen Literatur dar. Die ungewöhnliche Situation der Angst und des Schreckens gegenüber einer Seuche reizte die Autoren, sie in ansprechenden Beschreibungen darzustellen. Die jüngste und heute wohl bekannteste Darstellung findet man wohl in Albert Camus' „Die Pest" (1947) (französischer Originaltitel: „La peste"). Albert Camus erhielt 1957 den Nobelpreis für Literatur

> für seine bedeutungsvolle Verfasserschaft, die mit scharfsichtigem Ernst menschliche Gewissensprobleme in unserer Zeit beleuchtet. (Nobelpreisverleihung 1957). [19]

In Frankreich wird das Buch als Pflichtlektüre in Schulen angesehen. Camus „Die Pest" handelt von einer ägyptischen Stadt, die von der Pest heimgesucht wird. Er behandelt den Zusammenhalt und Solidarität der Menschen als höchste menschliche Werte gegenüber unabänderlichen Schicksalsmächten – alles mit der Darstellung der Pest als Mittel, seine Charaktere in allen Tiefen aufzuzeigen. Denn die Dramatik des Pestalltags, des ständigen Lebens in Schrecken vor dem Tod wie das Verhalten der angegriffenen Gesellschaft bieten die Möglichkeit, tiefe menschliche Abgründe in ihnen gespiegelt zu sehen. Die Metaphorik der Pest bezogen auf das alltägliche Leben (auch in der Gegenwart) ermöglicht den Autoren die Akzentuierung verschiedener menschlicher oder gesellschaftlicher Aspekte, die angesichts eines Missstandes oder Elends zum Vorschein kommen können.[20]

Bezüglich der bildenden Kunst wurden Darstellungen des Pestalltages vor allem in der Barockzeit angefertigt. Massensterben, kollektive Verzweiflung, wie auch Begräbnisszenen oder verwesende Leichname darzustellen, faszinierte sowohl Bildhauer und Maler wie auch ihre Auftraggeber. Wie in der Literatur gab es in der Darstellung von Pestszenen bei Malern und Bildhauern ungewohnte Möglichkeiten, Schmerz und Angst, Aggression, Resignation und Leidenschaft darzustellen. Es liegt nahe, anzunehmen, dass direkt nach der Katastrophe die Künstler dazu neigten, die Schrecken der erst durchstandenen Seuche auf Bild festzuhalten. Doch im 14. Jahrhundert war die Erfahrung des allgemeinen Sterbens noch zu alltäglich, als dass Künstler die Szenen der Pest so darstellen konnten, als dass sie bei der Bevölkerung

[18] Vgl: Heidrich I.: Strukturelle Wandlungen in Wirtschaft und Gesellschaft des Spätmittelalters. http://www.uni-bonn.de/~uph202/EinfuehrungMA/strukturspaetma.shtml Zugriff: 17.04.2013
[19] Nobelpreis: http://www.nobelprize.org/nobel_prizes/literature/laureates/1957/ Zugriff: 08.05.2013
[20] Vgl: Meier, M.: Pest. Die Geschichte eines Menschheitstraumas. Stuttgart 2005 329-332

Erstaunen erreichen konnten. Außerdem gab es direkt nach der Pest angesichts der zusammengebrochenen Organisationsstrukturen und Personalmangel kaum Möglichkeiten, zeitaufwendige Bauten und Gemälde herzustellen.

Vor allem im Barock (etwa 1600 bis 1770), als die „Memento-mori" - Philosophie (Memento mori: „Bedenke, dass du sterben musst", ein Ausdruck der Vergänglichkeit) wieder aufflackerte, versuchte man, der Pest erneut Ausdruck und Form zu verleihen. Die katholische Kirche hatte angesichts der immer zahlreicheren Protestanten nach dem Vorbild Luthers einen Verlust an Anhängerschaft zu verzeichnen. So sollte von der katholischen Kirche, als Auftraggeber vieler Künstler, aus machtpolitischen Zwecken den Gläubigen das Bild eines mächtigen und strafenden Gottes nahegebracht werden. Erst im späten 18. Jahrhundert erschöpfte sich das Motiv der Pest für Künstler und Kirche. Beispielhaft für die barocke Darstellung des Schwarzen Todes ist zum Beispiel ein Gemälde von Domenico Gargiulo, auch genannt Micco Spadaro, der Mitte des 17. Jahrhunderts unter Auftrag der Kirche sein Bild „Die Pest in Neapel 1656" fertiggestellt hat. [21] (vgl. Abb. 1)

4.5 Maßnahmen seitens der Regierungen

Die Angst vor einer Wiederholung der großen Pestpandemie des 14. Jahrhunderts resultierte in einer Vielzahl von Maßnahmen seitens der Staaten und lokaler Regierungen, welche einerseits präventiv die Anfälligkeit ihrer Städte gegenüber Seuchen verringern sollte, und andererseits das Fernhalten Erkrankter von der gesunden Bevölkerung zum Ziel hatte. So wurde 1374 in Venedig der „Pestbrief" eingeführt, und wurde bald von zahlreichen italienischen Städten übernommen. Dies war ein Gesundheitspass, der die bisherige Route des Reisenden beschrieb. Falls Reisende und deren Waren bisher nur pestfreie Gebiete durchquert hatten, erhielten sie direkten Zugang zur Stadt. Falls es diesbezüglich Zweifel gab, wurde der Reisende mit seinen Mitbringseln in die 30-tägige Absonderung, die „Trentana" geschickt, bevor er in die Stadt durfte. Alternativ durfte der Reisende auch einfach wieder umkehren. 1377 wurde diese 30-Tagefrist auf 40 Tage erhöht. So entstand der Begriff der Quarantäne (italienisch für 40: „quaranta"), welcher noch heute für die Isolierung von Menschen steht, die verdächtigt werden, an einer Infektionskrankheit erkrankt zu sein. Nicht nur der Begriff der Quarantäne ist also ein Mitbringsel der Menschheit aus den Erfahrungen mit der Pest, auch der Pestbrief wird für den Vorläufer des modernen Reisepasses gehalten. In den ersten Jahren, in denen ein „sauberer" Pestbrief von Nöten war, um in Städte zu reisen und dort Waren zu vertreiben, gab es zunächst einen Einbruch der Wirtschaft betroffener Städte. Als fahrender Händler war es quasi unmöglich, durch das Land zu ziehen ohne von der Pest betroffene Gebiete zu durchfahren. Auch bedarf es einiger Zeit, bis sich jeder einen Pestbrief angeeignet hatte. Wer ohne einen Pestbrief in eine Stadt wollte, wurde ebenfalls in die Trentana, bzw. später Quarantäne geschickt. Während die Nötigkeit der Quarantäne vom Süden langsam ganz Europa überzeugte, gab es in Europa schon andere Vorkehrungen um die Pest im Zaum zu halten. So erließ die Stadt Basel z. B. gegen 1400 ein Seuchengesetz,

---

[21] Vgl. Bergdolt K.: Die Pest. Geschichte des Schwarzen Todes. München 2006

das allen Personen, die an Krankheiten wie Beulenpest, Krätze, Milzbrand, aber auch Epilepsie erkrankt sind, verbietet, Nahrungsmittel an ihre Mitbürger weiterzugeben, auch als Verkäufer.

Mit der kommenden Erkenntnis der Verbindung zwischen der Anfälligkeit gegenüber der Pest und mangelnder Hygiene wurden bald andere, eher die Hygiene betreffende Maßnahmen erlassen, wie z. B. in der Landesregierung Greiz (heute zu vergleichen mit einem Landkreis). Die Anordnungen dort bestanden allerdings aus einer Mischung von wirksamen wie unwirksamen Maßnahmen. Zunächst wurde ein tägliches Gebet Pflicht für alle Bewohner, in dem sie andächtig und ergeben für die Abwehr der Krankheit beten sollten. Der zweite Punkt der Maßnahmen bestand aus der Vertreibung aller Bettler, Zigeuner und Landstreicher aus dem Gebiet Greiz, da diese als unreinlich, und somit als potenzielle Pestopfer mit Ansteckungsgefahr galten. Punkt drei war die Entfernung von Unreinheiten von Häusern. Dachrinnen sollten von Dreck und Schlamm gereinigt werden, und aus Türen und Fenstern durfte nichts „Unreines" (Essensreste, Exkremente) mehr geschüttet werden. Unreine Substanzen sollten an menschenfreie Orte gebracht und verscharrt werden.[22] [23]

5 Das spätere Europa

Die Überlebenden des Schwarzen Todes wurden Zeugen der Zustände der Pest, des allgegenwärtigen Todes und des starken Bevölkerungsrückganges. Sie sahen sich auf existenzieller Ebene mit lebensfeindlichen Bedingungen konfrontiert, die während, und auch noch nach dem Schwarzen Tod, als Nachwirkungen dessen herrschten, wie z.B. die Lebensmittelknappheit oder die zerschlagene Wirtschaft.

Ein Drittel der Bevölkerung war gestorben, doch nicht nur durch die Menschen selber hat die Pest eine Schneise der Verwüstung gezogen: Staat, Kirche, verschiedenste Organisations- und Verwaltungsstrukturen und die Wirtschaft wurden stark in Mitleidenschaft gezogen, und sie alle mussten neu erbaut werden. Mit dem Tod eines Drittels der Menschen ist zudem vieles an damaligem Gedankengut verloren gegangen. Generell gab es im Leben der Menschen nach dem Schwarzen Tod viele Lücken zu füllen; und so kam die Gelegenheit für eine neue Weltanschauung, einen Platz in den Gedanken der Menschen einzunehmen: Den Humanismus. In diesem spielt der Mensch als Individuum eine zentrale Rolle, und nicht als ein bedeutungsloser Teil seiner Gesellschaft. Der Mensch sollte in Würde und nach eigenen, Werten leben können, in der Gesellschaft sollten Toleranz und Gewaltfreiheit, kurz gesagt, Menschlichkeit gelten. (Lateinisch „humanus": menschlich)[24]

Um zu erkennen, weshalb der Humanismus eine fast schon eindeutige Folge der Geschehnisse um den Schwarzen Tod ist, muss man erneut die Kirche in den Vordergrund rücken. Wie ich schon anfangs in der allgemeinen Schilderung des Spätmittelalters erläutert hatte, waren Gott und die Kirche das Zentrum der damaligen Welt. Die Menschen waren durch

[22] Vgl. Bergdolt K.: Die Pest. Geschichte des Schwarzen Todes. München 2006 27-35, 47-49
[23] Vgl. Berg, A.: Die Pest. http://www.deutschland-im-mittelalter.de/pest.php Zugriff: 05.04.2013
[24] Bibliographisches Institut: Duden Online. http://duden.de/ Zugriff: 05.04.2013

ihren Glauben von beidem abhängig, und die Kirche, unter dem Papst als Vertretung Gottes auf Erden, hatte eine unanfechtbare Autorität. Nun erlitt die Kirche während des Schwarzen Todes allerdings einen Autoritätsverlust. Sie konnte der verängstigten Bevölkerung keine Antworten und keine Hilfe bieten. Viel mehr war sie selber hilflos, denn ihre Kleriker starben einer nach dem anderen an der Pest, welche die Kirche als Strafe Gottes bezeichnet hatte. Zunächst gewannen durch diesen Autoritätsverlust mehrere der Kirche oppositionell gegenüberstehende Bewegungen an Anhängerschaft und Macht. Ein schon genanntes Beispiel war die Flagellantenbewegung, welche versuchte, die Vergebung ihrer Sünden durch Selbstgeißelung zu erreichen und somit eine direkte Alternative zum kirchlichen Bußritus über Ablassbriefe darstellten. Angesichts der fehlenden göttlichen Unterstützung musste die Bevölkerung sich selber kreativ an der Problemlösung beteiligen. So wurde zum Beispiel unabhängig von der Kirche medizinische Forschung betrieben. Auch die Viersäftelehre als traditionelles medizinisches Prinzip wurde infrage gestellt oder auch weiterverarbeitet, um der Krankheit auf die Spur zu kommen, und zu erkennen, dass sie logisch anstatt religiös zu erklären ist. Letztendlich sprach sich sogar Papst Klemens VI. (1342-1352) für die Sezierung der Pestopfer aus, um auf medizinischem Wege mehr die Krankheitsursachen zu erfahren. [25]

Das Urvertrauen in Gott schwand in der Bevölkerung, und da die übergeordnete Instanz der Kirche den Menschen keinen Weg weisen konnte, nahmen sie ihr Schicksal zunehmend selber in die Hand. Die Grundlage für einen neuen Individualismus war geschaffen. Unterstützt wurde diese Entwicklung von Denkern, Schriftstellern und Dichtern wie Giovanni Boccacio und Dante Alighieri, deren Werke den ersten Vorstoß in die neue Epoche, den Humanismus darstellen. Später wurde diese neue Gedankenströmung auch durch Martin Luther unterstützt, welcher offensiv die Lehren der geschwächten, aber nie ganz machtlos gewordenen Kirche kritisierte.

6   Fazit

Die Weltbevölkerung hat bisher schon viele Krankheiten miterleben müssen. Doch ist der Schwarze Tod für mich persönlich ein Paradebeispiel für den Umgang der Menschen mit einem über ihrer rationalen Erkenntnis und über ihrem Selbstschutz stehenden Unheils, so wie die Versinnbildlichung einer schonungslos destruktiven Kraft, welcher gegenüber die Menschen jeglichen Widerstandes unbegabt sind.

Obgleich Europas Befall mit der Pest in Maßlosigkeit, Kriminalität, Angst und Verzweiflung, Abschottung, Rücksichtslosigkeit und Armut und natürlich dem Tod führte, gab er der abendländischen Bevölkerung eine außerordentliche Chance zur Entwicklung und zum Fortschritt. Genauso wie in der heutigen Zeit wird aus Konflikten und Unglücken ein Résumé gezogen, aus dem wir lernen und uns vor deren Wiederholung schützen. Nach jedem Schlag hat unsere Gesellschaft die Möglichkeit, aus ihrer schwächeren Vergangenheit herauszuwachsen. Denn was sie nicht umbringt, macht sie nur stärker.

---

[25] Vgl. Defreyn, V.: Humanismus und Individualismus: Der „Einzelne" in ausgewählten Erziehungsschriften des italienischen und deutschen Humanismus 11-21

7 Anhang

7.1 Abbildungen

Abb. 1: Micco Spadaro, die Pest in Neapel 1656 (Museum di San Martino, Neapel).
Barocke Darstellung des Schwarzen Todes.

7.2 Literatur- und Quellenverzeichnis

Buchquellen

[1] Bergdolt K.: Die Pest. Geschichte des Schwarzen Todes. München 2006.

[2] Boccaccio, G.: Das Dekameron. Florenz 1349-1953. Albatros Verlag (Hg.) Mannheim 2001.

[3] Meier, M.: Pest. Die Geschichte eines Menschheitstraumas. Stuttgart 2005.

Dissertationen

[4] Patočka, J.: Andere Wege in die Moderne : Studien zur europäischen Ideengeschichte von der Renaissance bis zur Romantik. Würzburg 2006.

[5] Defreyn, V.: Humanismus und Individualismus: Der „Einzelne" in ausgewählten Erziehungsschriften des italienischen und deutschen Humanismus. Wurzburg 2009.

Dokumentationen

[6] dctp.tv: Der Schwarze Tod. Prof. Dr. med. Klaus Bergdolt über die Pest / Wenn Seuchen Gesellschaften zerstören. 2011.

[7] ZDF: Der Schwarze Tod. Pest im Mittelalter. 2004.

Internetquellen

[8] Berg, A.: Die Pest. http://www.deutschland-im-mittelalter.de/pest.php Zugriff: 05.04.2013.

[9] Bibliographisches Institut: Duden Online. http://www.duden.de/ Zugriff: 05.04.2013.

[10] Bützer, P.: Die Pestepidemie im Mittelalter. http://www.buetzer.info/fileadmin/pb/pdf-Dateien/Pest_in_Wil.pdf Zugriff: 17.04.2013

[11] Heidrich I.: Strukturelle Wandlungen in Wirtschaft und Gesellschaft des Spätmittelalters. http://www.uni-bonn.de/~uph202/EinfuehrungMA/strukturspaetma.shtml Zugriff: 10.04.2013.

[12] Nobelpreis: http://www.nobelprize.org/nobel_prizes/literature/laureates/1957/
Zugriff: 08.05.2013

[13] Schrefler H. / Günther P.: Bevölkerungsgeschichte Europas. Ein Protokoll zur
Vorlesung.
http://www.schrefler.net/91mitschriften_Geschichte/Bevoelkerungsgesch.Europas-
Referat-WS2002.pdf Zugriff: 02.05.2013.

7.3 Abbildungsverzeichnis